Impressum
Verlag: BABADADA GmbH, Nedderfeld 112 , 22529 Hamburg
Geschäftsführer / Verlagsleitung: Harald Hof
Druck: Books on Demand GmbH, In de Tarpen 42, 22848 Norderstedt

Imprint
Publisher: BABADADA GmbH, Nedderfeld 112 , 22529 Hamburg, Germany
Managing Director / Publishing direction: Harald Hof
Print: Books on Demand GmbH, In de Tarpen 42, 22848 Norderstedt

5ch00l

colegio

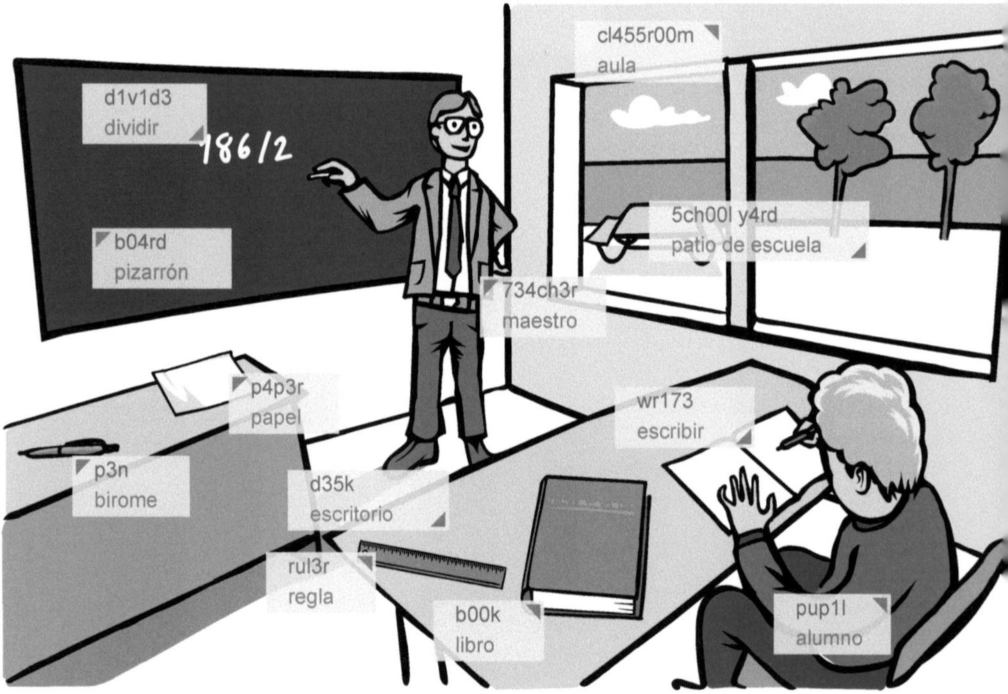
cl455r00m
aula
d1v1d3
dividir
186/2
b04rd
pizarrón
5ch00l y4rd
patio de escuela
734ch3r
maestro
p4p3r
papel
wr173
escribir
p3n
birome
d35k
escritorio
rul3r
regla
b00k
libro
pup1l
alumno

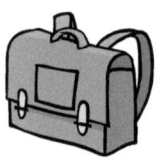

547ch3l

mochila

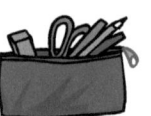

p3nc1l c453

caja de lápices

p3nc1l

lápiz

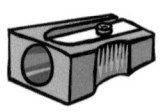

p3nc1l 5h4rp3n3r

sacapuntas

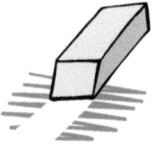

rubb3r

goma (de borrar)

dr4w1n6 p4d

bloc de dibujo

dr4w1n6

dibujo

p41n7bru5h

pincel

p41n7 b0x

caja de pinturas

5c1550r5

tijera

6lu3

pegamento

3x3rc153 b00k

cuaderno de ejercicios

h0m3w0rk

tarea

numb3r

número

4dd

sumar

5ub7r4c7

restar

mul71ply

multiplicar

c4lcul473

calcular

l3773r

letra

4lph4b37

abecedario

w0rd

palabra

73x7

texto

r34d

leer

ch4lk

tiza

l3550n

lección

r361573r

cuaderno de clase

3x4m1n4710n

examen

c3r71f1c473

certificado

5ch00l un1f0rm

uniforme escolar

3duc4710n

educación

3ncycl0p3d14

enciclopedia

un1v3r517y

universidad

m1cr05c0p3

microscopio

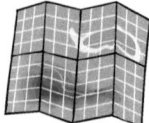

m4p

mapa

w4573-p4p3r b45k37

tacho (de basura)

7r4v3l

viaje

h073l
hotel
Grand
h0573l
hostel
ROOMS
CHANGE
curr3ncy 3xch4n63 0ff1c3
casa de cambio
5u17c453
valija
c4r
auto

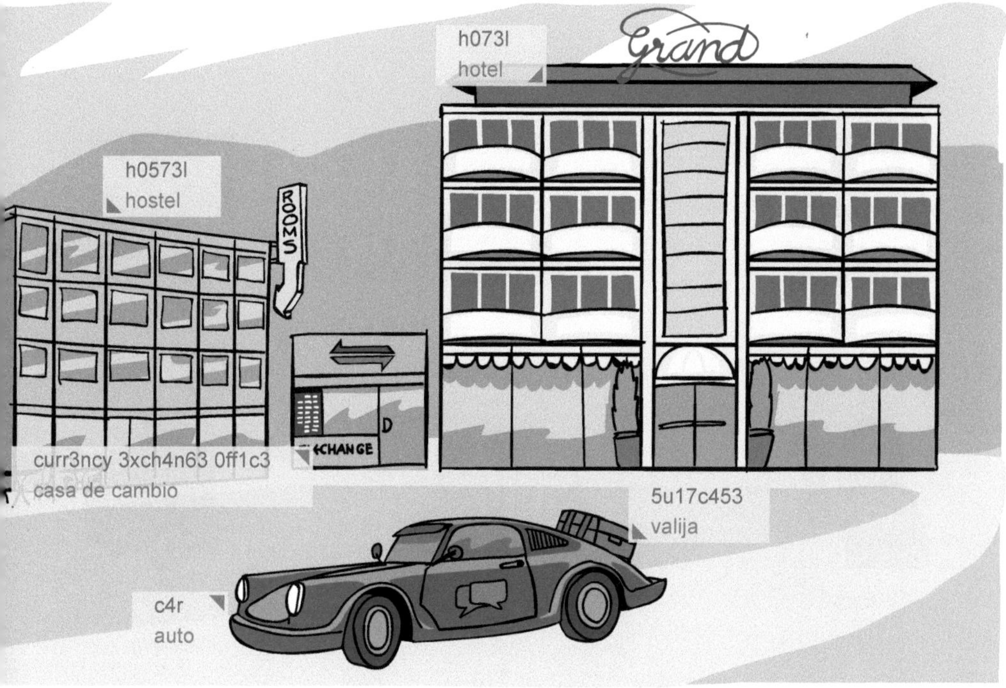

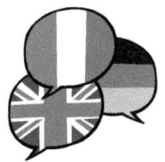

l4n6u463

idioma

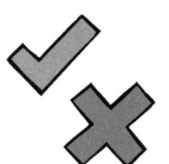

y35 / n0

sí / no

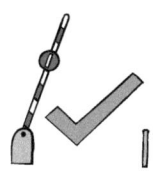

0k4y

Está bien

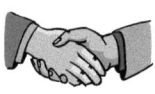

h3ll0

hola

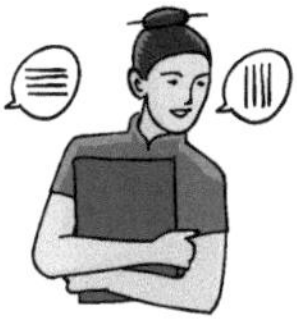

7r4n5l470r

traductor

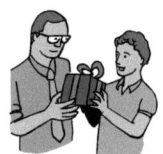

7h4nk y0u

Gracias

h0w much 15

¿cuánto cuesta...?

1 d0 n07 und3r574nd

No entiendo

pr0bl3m

problema

600d 3v3n1n6!

¡Buenas tardes!

600d m0rn1n6!

¡Buenos días!

600d n16h7!

¡Buenas noches!

600dby3

adiós

d1r3c710n

dirección

lu66463

equipaje

b46

bolso

b4ckp4ck

mochila

6u357

invitado

r00m

habitación

5l33p1n6 b46

bolsa de dormir

73n7

carpa

70ur157 1nf0rm4710n

información turística

b34ch

playa

cr3d17 c4rd

tarjeta de crédito

br34kf457

desayuno

lunch

almuerzo

d1nn3r

cena

71ck37

pasaje

3l3v470r

ascensor

574mp

sello

b0rd3r

frontera

cu570m5

aduana

3mb455y

embajada

v154

visa

p455p0r7

pasaporte

7r4v3l - viaje

7r4n5p0r7

transporte

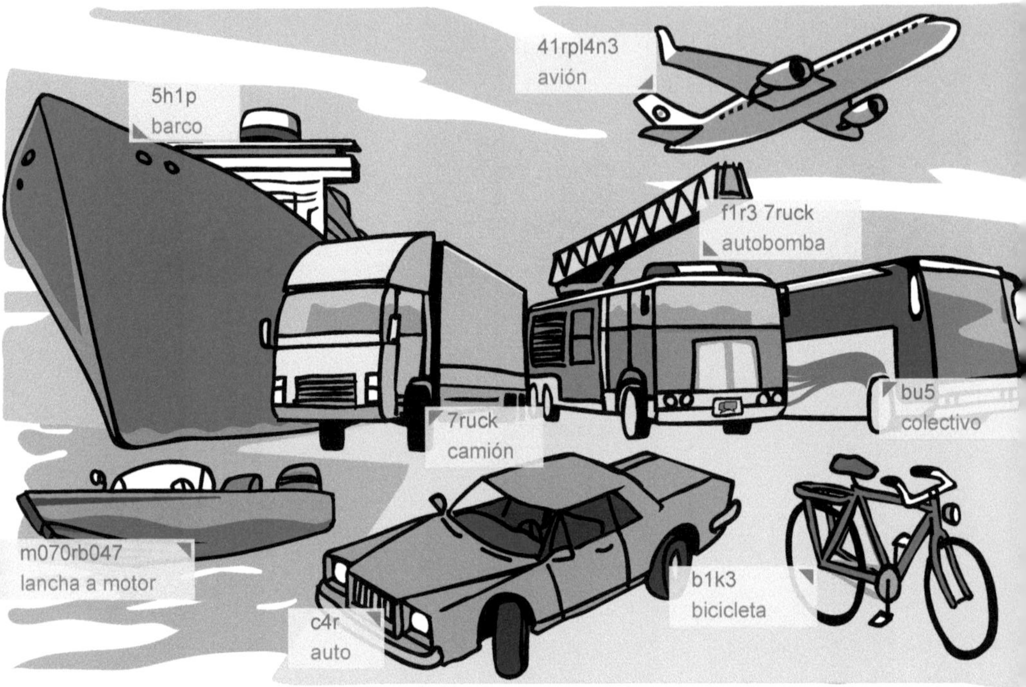

41rpl4n3
avión
5h1p
barco
f1r3 7ruck
autobomba
bu5
colectivo
7ruck
camión
m070rb047
lancha a motor
b1k3
bicicleta
c4r
auto

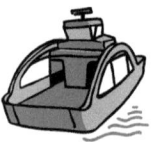

f3rry

ferry

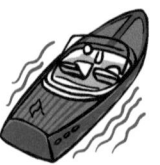

b047

bote

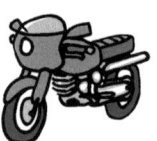

m070rb1k3

moto

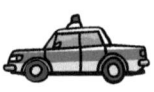

p0l1c3 c4r

patrullero

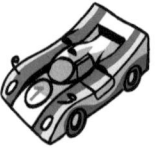

r4c1n6 c4r

auto de carreras

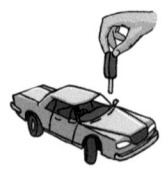

r3n74l c4r

auto de alquiler

c4r 5h4r1n6

alquiler de autos

70w 7ruck

grúa

64rb463 7ruck

camión de basura

3n61n3

motor

fu3l

nafta

fu3l 574710n

estación de servicio

7r4ff1c 516n

señal de tránsito

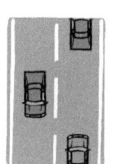

7r4ff1c

tránsito

7r4ff1c j4m

embotellamiento

p4rk1n6 l07

estacionamiento

7r41n 574710n

estación de tren

7r4ck5

vías

7r41n

tren

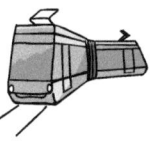

7r4m

tranvía

w460n

vagón

h3l1c0p73r

helicóptero

41rp0r7

aeropuerto

70w3r

torre

p4553n63r

pasajero

c0n741n3r

contenedor

c4r70n

caja de cartón

c4r7

carretilla

b45k37

canasta

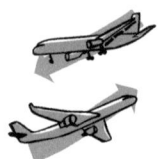

74k3 0ff / l4nd

despegar / aterrizar

c17y
ciudad

v1ll463

pueblo

c17y c3n73r

centro de ciudad

h0u53

casa

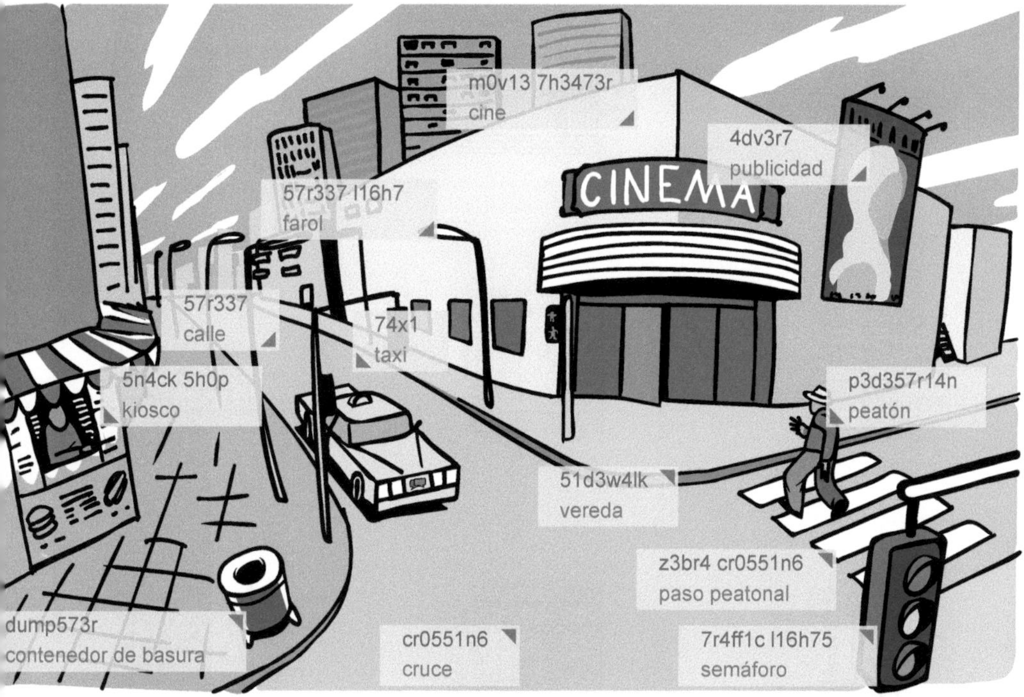

m0v13 7h3473r
cine

4dv3r7
publicidad

57r337 l16h7
farol

57r337
calle

74x1
taxi

5n4ck 5h0p
kiosco

p3d357r14n
peatón

51d3w4lk
vereda

z3br4 cr0551n6
paso peatonal

dump573r
contenedor de basura

cr0551n6
cruce

7r4ff1c l16h75
semáforo

hu7

cabaña

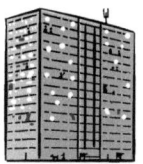

4p4r7m3n7

departamento

7r41n 574710n

estación de tren

c17y h4ll

municipalidad

mu53um

museo

5ch00l

colegio

c17y - ciudad

un1v3r517y

universidad

b4nk

banco

h05p174l

hospital

h073l

hotel

ph4rm4cy

farmacia

0ff1c3

oficina

b00k 5h0p

librería

5h0p

negocio

fl0w3r 5h0p

florería

5up3rm4rk37

supermercado

m4rk37

mercado

d3p4r7m3n7 570r3

grandes tiendas

f15hm0n63r'5 5h0p

pescadería

m4ll

centro comercial

h4rb0r

puerto

c17y - ciudad

p4rk

parque

b3nch

banco

br1d63

puente

5741r5

escaleras

5ubw4y

subte

7unn3l

túnel

bu5 570p

parada del colectivo

b4r

bar

r3574ur4n7

restaurante

p057b0x

buzón

57r337 516n

letrero

p4rk1n6 m373r

parquímetro

z00

zoológico

5w1mm1n6 p00l

pileta

m05qu3

mezquita

c17y - ciudad

f4rm

granja

p0llu710n

contaminación

c3m373ry

cementerio

church

iglesia

pl4y6r0und

juegos infantiles

73mpl3

templo

l4nd5c4p3

paisaje

l34f
hoja

516np057
poste indicador

p47h
camino

m34d0w
pradera

570n3
piedra

7r33
árbol

h1k3r
excursionista

r1v3r
río

6r455
hierba

fl0w3r
flor

v4ll3y

valle

h1ll

montaña

l4k3

lago

f0r357

bosque

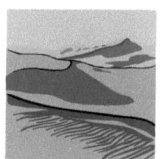

d353r7

desierto

v0lc4n0

volcán

c457l3

castillo

r41nb0w

arco iris

mu5hr00m

champiñón

p4lm 7r33

palmera

m05qu170

mosquito

fly

mosca

4n7

hormiga

b33

abeja

5p1d3r

araña

b337l3

escarabajo

fr06

rana

5qu1rr3l

ardilla

h3d63h06

erizo

h4r3

liebre

0wl

lechuza

b1rd

pájaro

5w4n

cisne

b04r

jabalí

d33r

ciervo

m0053

alce

d4m

presa

w1nd 7urb1n3

aerogenerador

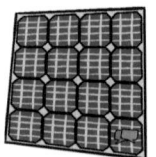

50l4r p4n3l

panel solar

cl1m473

clima

r3574ur4n7
restaurante

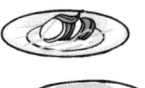

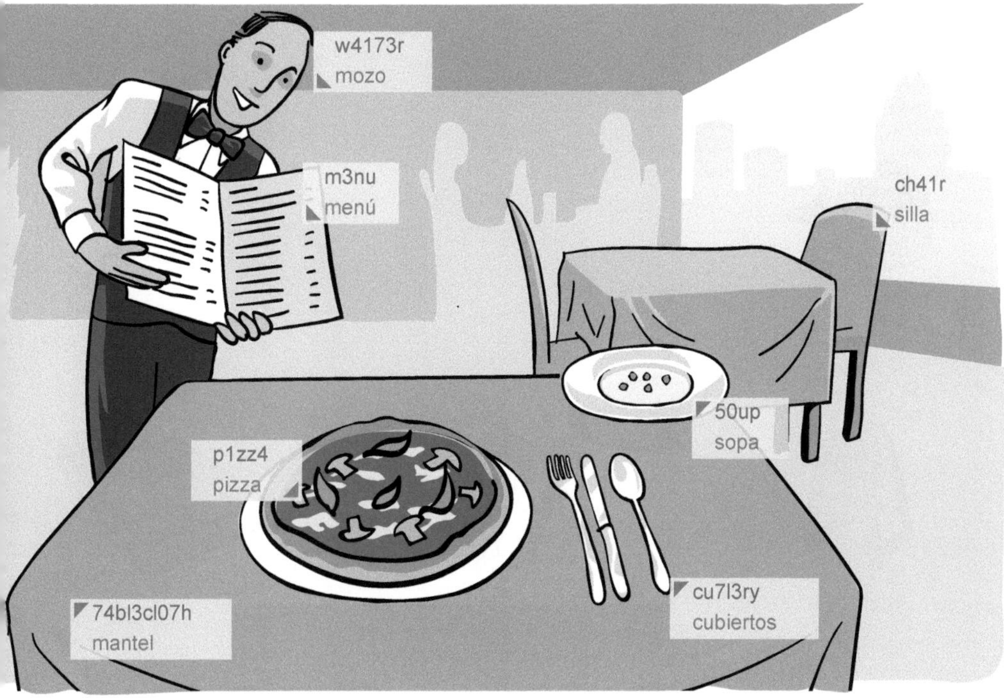

w4173r
mozo
m3nu
menú
ch41r
silla
50up
sopa
p1zz4
pizza
cu7l3ry
cubiertos
74bl3cl07h
mantel

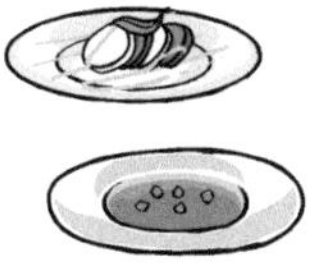

574r73r
entrada

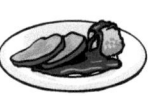

m41n c0ur53
plato principal

d3553r7
postre

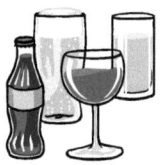

dr1nk5
bebidas

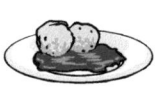

f00d
comida

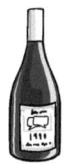

b077l3
botella

f457 f00d

comida rápida

57r337 f00d

comida callejera

734p07

tetera

5u64r b0wl

azucarera

p0r710n

porción

35pr3550 m4ch1n3

cafetera expreso

h16h ch41r

sillita alta

b1ll

cuenta

7r4y

bandeja

kn1f3

cuchillo

f0rk

tenedor

5p00n

cuchara

7345p00n

cucharita

53rv13773

servilleta

6l455

vaso

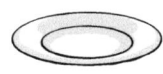

pl473

plato

50up pl473

plato hondo

54uc3r

plato

54uc3

salsa

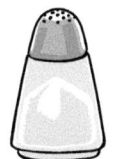

54l7 5h4k3r

salero

p3pp3r m1ll

molinillo de pimienta

v1n364r

vinagre

01l

aceite

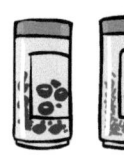

5p1c35

especias

k37chup

kétchup

mu574rd

mostaza

m4y0nn4153

mayonesa

5up3rm4rk37

supermercado

5p3c14l 0ff3r
oferta especial
FOR
cu570m3r
cliente
d41ry pr0duc75
lácteos
fru17
fruta
5h0pp1n6 c4r7
changuito

BUTCHERS

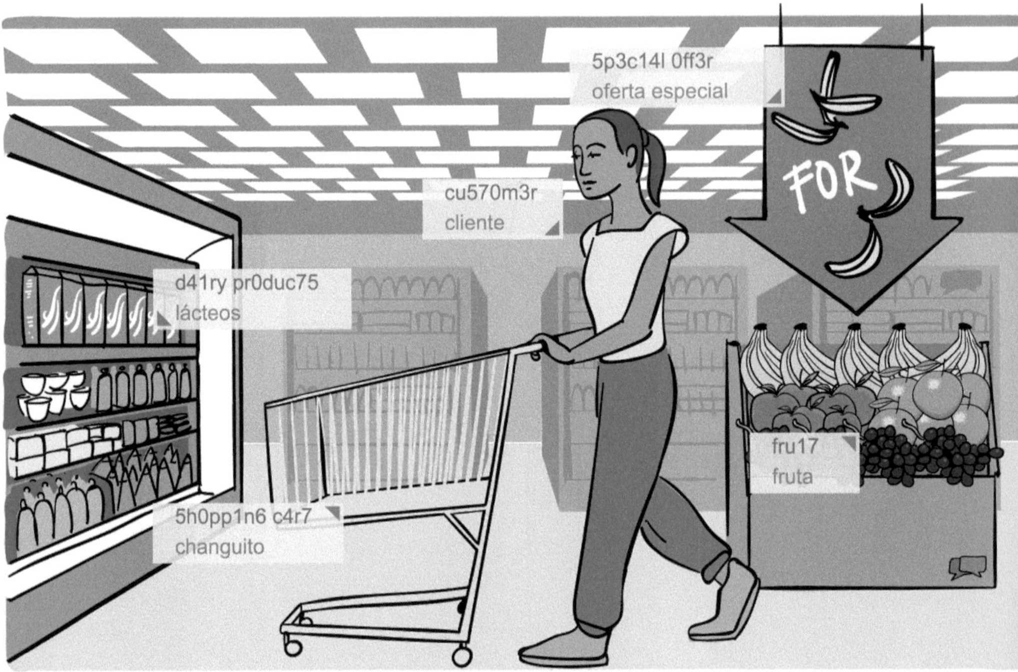

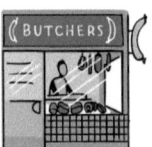

bu7ch3r'5 5h0p

carnicería

BAKERY

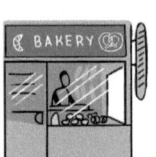

b4k3ry

panadería

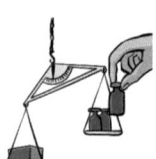

w316h

pesar

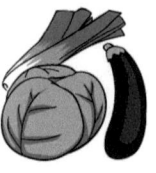

v36374bl35

verduras

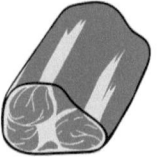

m347

carne

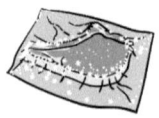

fr0z3n f00d

alimentos congelados

c0ld cu75

fiambres

c4nn3d f00d

alimentos enlatados

d373r63n7

detergente en polvo

c4ndy

golosinas

h0u53h0ld pr0duc75

electrodomésticos

cl34n1n6 pr0duc75

productos de limpieza

54l35 r3pr353n7471v3

vendedora

c45h r361573r

caja

c45h13r

cajero

5h0pp1n6 l157

lista de compras

0p3n1n6 h0ur5

horario de atención

w4ll37

billetera

cr3d17 c4rd

tarjeta de crédito

b46

cartera

pl4571c b46

bolsa de plástico

w473r

agua

ju1c3

jugo

m1lk

leche

c0k3

bebida cola

w1n3

vino

b33r

cerveza

4lc0h0l

alcohol

c0c04

cacao

734

té

c0ff33

café

35pr3550

café expreso

c4ppucc1n0

cappuccino

b4n4n4

banana

4ppl3

manzana

0r4n63

naranja

m3l0n

melón

l3m0n

limón

c4rr07

zanahoria

64rl1c

ajo

b4mb00

bambú

0n10n

cebolla

mu5hr00m

champiñón

nu75

nueces

n00dl35

fideos

5p46h3771

tallarines

r1c3

arroz

54l4d

ensalada

fr135

papas fritas

fr13d p0747035

papas fritas

p1zz4

pizza

h4mbur63r

hamburguesa

54ndw1ch

sándwich

35c4l0p3

churrasco

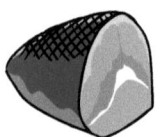

h4m

jamón

54l4m1

salame

54u5463

salchicha

ch1ck3n

pollo

r0457

asado

f15h

pescado

p0rr1d63 0475

copos de avena

mu35l1

muesli

c0rnfl4k35

copos de maíz

fl0ur

harina

cr01554n7

medialuna

br34d r0ll

pancito

br34d

pan

70457

tostada

c00k135

galletitas

bu773r

manteca

curd

cuajada

c4k3

torta

366

huevo

fr13d 366

huevo frito

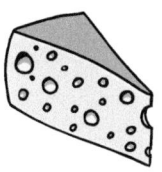

ch3353

queso

1c3 cr34m

helado

5u64r

azúcar

h0n3y

miel

j3lly

mermelada

n0u647 cr34m

pasta de chocolate

curry

curry

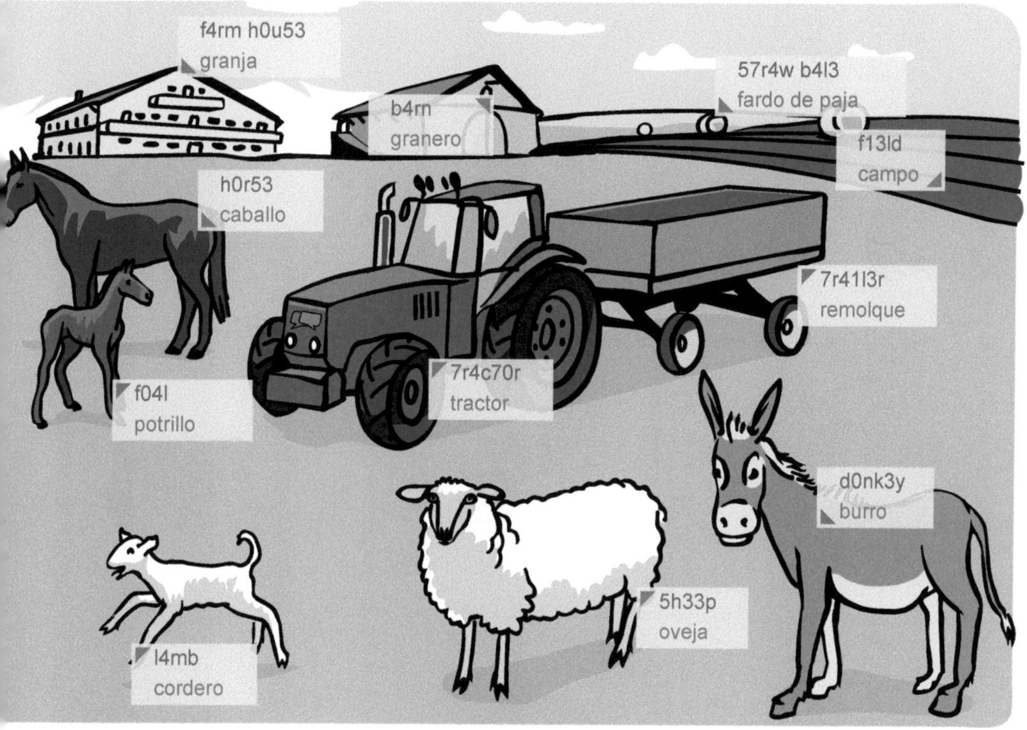

f4rm h0u53
granja

57r4w b4l3
fardo de paja

b4rn
granero

f13ld
campo

h0r53
caballo

7r41l3r
remolque

f04l
potrillo

7r4c70r
tractor

d0nk3y
burro

5h33p
oveja

l4mb
cordero

6047

cabra

c0w

vaca

c4lf

ternero

p16

cerdo

p16l37

lechón

bull

toro

60053

ganso

duck

pato

ch1ck

pollo

h3n

gallina

c0ck3r3l

gallo

r47

rata

c47

gato

m0u53

ratón

0x

buey

d06

perro

d06 h0u53

cucha

64rd3n h053

manguera

w473r1n6 c4n

regadera

5cy7h3

guadaña

pl0u6h

arado

51ckl3

hoz

h03

azada

p17chf0rk

horquilla

4x3

hacha

pu5hc4r7

carretilla

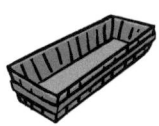

7r0u6h

abrevadero

m1lk c4n

lechera

54ck

bolsa

f3nc3

reja

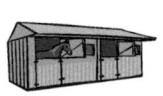

574bl3

establo

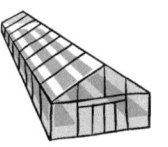

6r33nh0u53

invernadero

501l

suelo

533d

semilla

f3r71l1z3r

fertilizador

c0mb1n3 h4rv3573r

cosechadora

h4rv357

cosechar

h4rv357

cosecha

y4m5

batatas

wh347

trigo

50y4

soja

p07470

papa

c0rn

maíz

r4p3533d

semilla de colza

fru17 7r33

árbol frutal

m4n10c

mandioca

6r41n

cereales

h0u53
casa

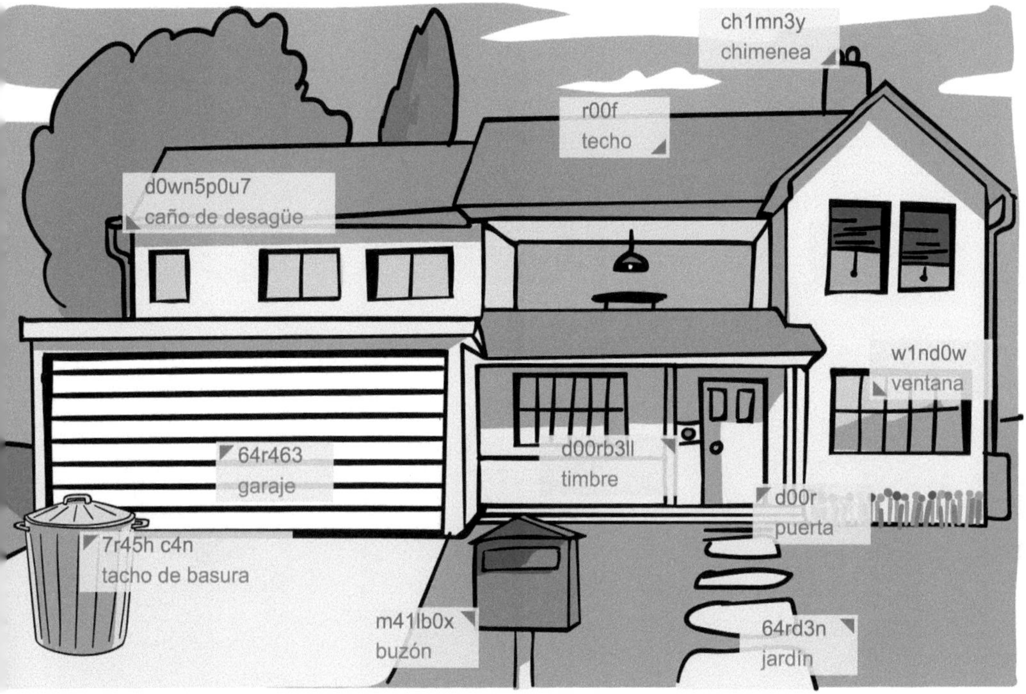
ch1mn3y
chimenea
r00f
techo
d0wn5p0u7
caño de desagüe
w1nd0w
ventana
64r463
garaje
d00rb3ll
timbre
d00r
puerta
7r45h c4n
tacho de basura
m41lb0x
buzón
64rd3n
jardín

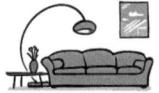

l1v1n6 r00m

living

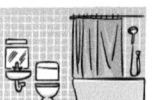

b47hr00m

baño

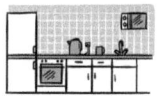

k17ch3n

cocina

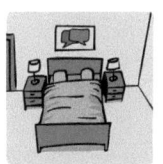

b3dr00m

dormitorio

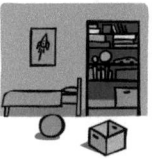

ch1ld'5 r00m

cuarto de los chicos

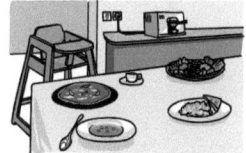

d1n1n6 r00m

comedor

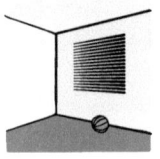

fl00r

piso

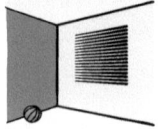

w4ll

pared

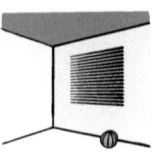

c31l1n6

cielorraso

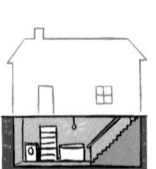

c3ll4r

sótano

54un4

sauna

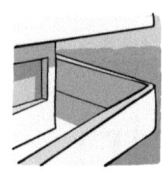

b4lc0ny

balcón

73rr4c3

terraza

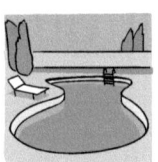

p00l

pileta

l4wn m0w3r

cortadora de pasto

5h337

sábana

b3d5pr34d

acolchado

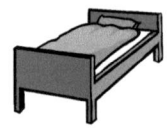

b3d

cama

br00m

escoba

buck37

balde

5w17ch

interruptor

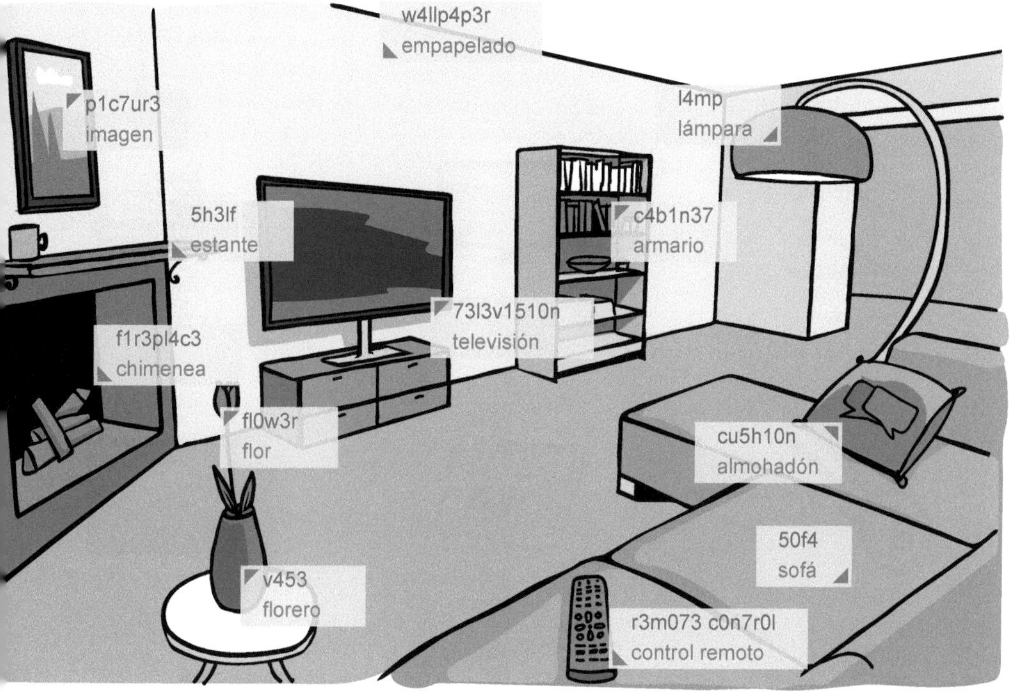

w4llp4p3r
empapelado

p1c7ur3
imagen

l4mp
lámpara

5h3lf
estante

c4b1n37
armario

f1r3pl4c3
chimenea

73l3v1510n
televisión

cu5h10n
almohadón

fl0w3r
flor

50f4
sofá

v453
florero

r3m073 c0n7r0l
control remoto

c4rp37
....
alfombra

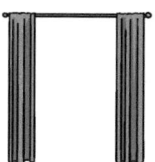

dr4p3
....
cortina

74bl3
....
mesa

ch41r
....
silla

r0ck1n6 ch41r
....
mecedora

4rmch41r
....
sillón

b00k

libro

bl4nk37

frazada

d3c0r4710n

decoración

f1r3w00d

leña

f1lm

película

573r30 5y573m

equipo de música

k3y

llave

n3w5p4p3r

diario

p41n71n6

pintura

p0573r

póster

r4d10

radio

n073b00k

cuaderno

v4cuum cl34n3r

aspiradora

c4c7u5

cactus

c4ndl3

vela

k17ch3n
cocina

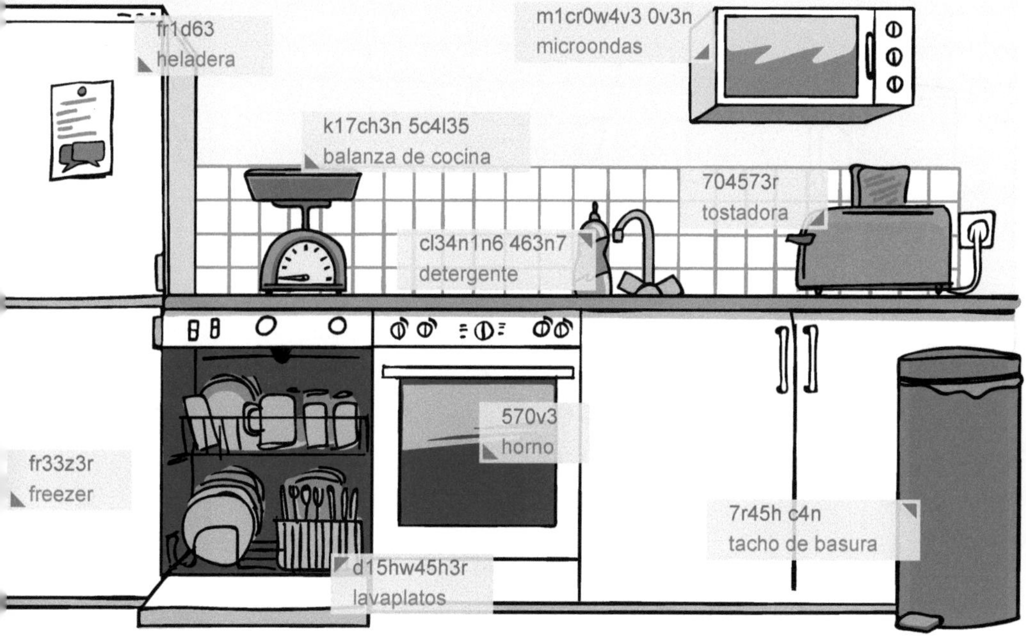

fr1d63
heladera
m1crOw4v3 Ov3n
microondas
k17ch3n 5c4l35
balanza de cocina
704573r
tostadora
cl34n1n6 463n7
detergente
570v3
horno
fr33z3r
freezer
7r45h c4n
tacho de basura
d15hw45h3r
lavaplatos

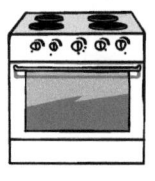

c00k3r

cocina

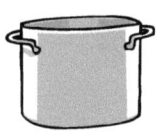

p07

olla

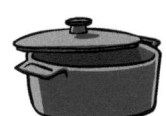

c457-1r0n p07

olla de hierro fundido

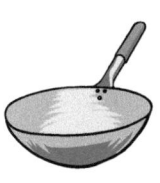

w0k / k4d41

wok

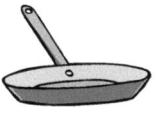

p4n

sartén

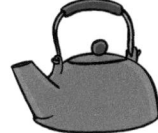

k377l3

pava

5734m3r

vaporera

b4k1n6 7r4y

bandeja de horno

cr0ck3ry

vajilla

mu6

taza

b0wl

bol

ch0p571ck5

palitos

l4dl3

cucharón

5p47ul4

estpátula

wh15k

batidora

57r41n3r

colador

513v3

colador

6r473r

rallador

m0r74r

mortero

b4rb3cu3

parrilla

f1r3pl4c3

fogata

ch0pp1n6 b04rd

tabla de picar

r0ll1n6 p1n

palo de amasar

c0rk5cr3w

sacacorchos

c4n

lata

c4n 0p3n3r

abrelatas

0v3n cl07h

manopla

51nk

pileta

bru5h

cepillo

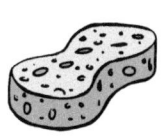

5p0n63

esponja

bl3nd3r

batidora

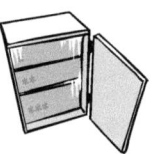

d33p fr33z3r

congelador

b4by b077l3

mamadera

74p

canilla

b47hr00m

baño

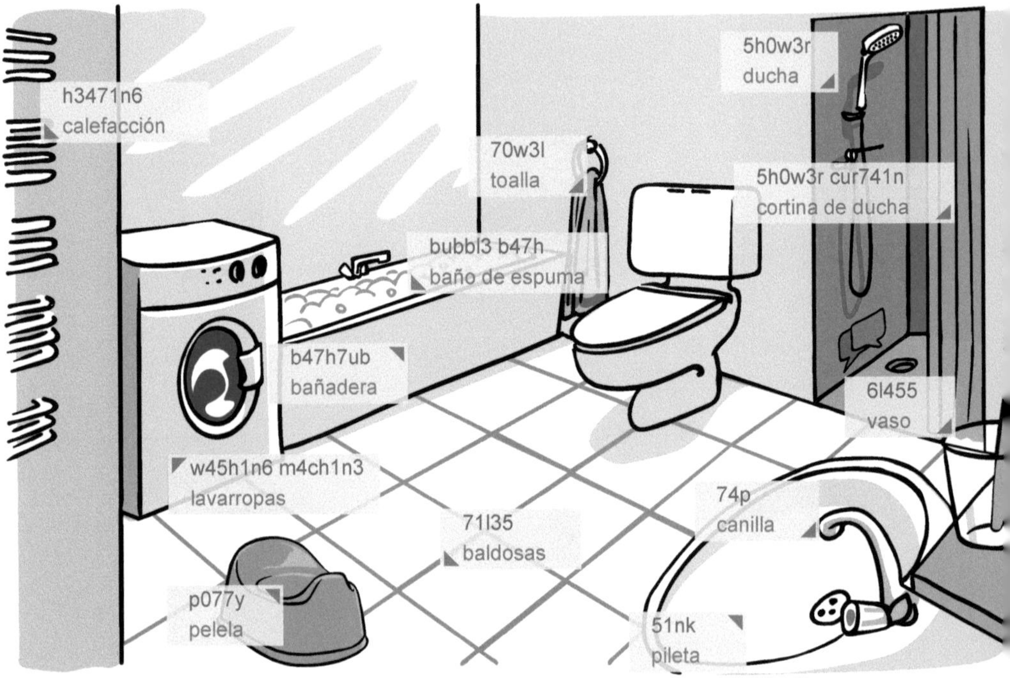

h3471n6
calefacción
70w3l
toalla
5h0w3r
ducha
5h0w3r cur741n
cortina de ducha
bubbl3 b47h
baño de espuma
b47h7ub
bañadera
6l455
vaso
w45h1n6 m4ch1n3
lavarropas
74p
canilla
71l35
baldosas
p077y
pelela
51nk
pileta

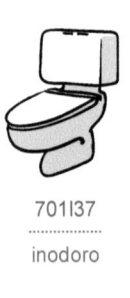

701l37
inodoro

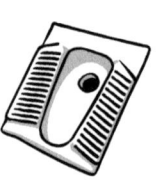

5qu47 701l37
letrina

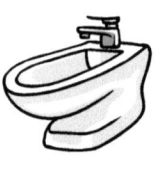

b1d37
bidé

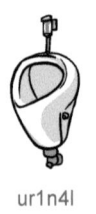

ur1n4l
mingitorio

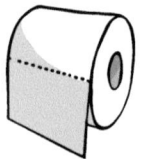

701l37 p4p3r
papel higiénico

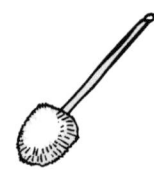

701l37 bru5h
cepillo para el inodoro

7007hbru5h

cepillo de dientes

7007hp4573

dentífrico

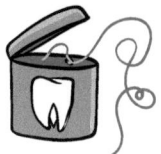

d3n74l fl055

hilo dental

w45h

lavar

h4nd 5h0w3r

ducha de mano

d0uch3

ducha higiénica

b451n

palangana

b4ck bru5h

cepillo para espalda

504p

jabón

5h0w3r 63l

gel de ducha

5h4mp00

shampoo

fl4nn3l

toallita

dr41n

desagüe

cr3m3

crema

d30d0r4n7

desodorante

m1rr0r

espejo

h4nd m1rr0r

espejito

r4z0r

maquinita de afeitar

5h4v1n6 f04m

espuma de afeitar

4f73r5h4v3

aftershave

c0mb

peine

bru5h

cepillo

h41r-dry3r

secador de pelo

h41r5pr4y

spray

m4k3up

maquillaje

l1p571ck

lápiz de labios

n41l v4rn15h

esmalte para uñas

c0770n w00l

algodón

n41l 5c1550r5

tijera para uñas

p3rfum3

perfume

w45hb46

portacosméticos

5700l

banqueta

w316h1n6 5c4l35

balanza

b47hr0b3

bata

rubb3r 6l0v35

guantes de goma

74mp0n

tampón

54n174ry 70w3l

toallita femenina

ch3m1c4l 701l37

baño químico

ch1ld'5 r00m

cuarto de los chicos

4l4rm cl0ck
despertador
cuddly 70y
peluche
70y c4r
coche de juguete
r477l3
sonajero
d0ll'5 h0u53
casa de muñecas
pr353n7
regalo

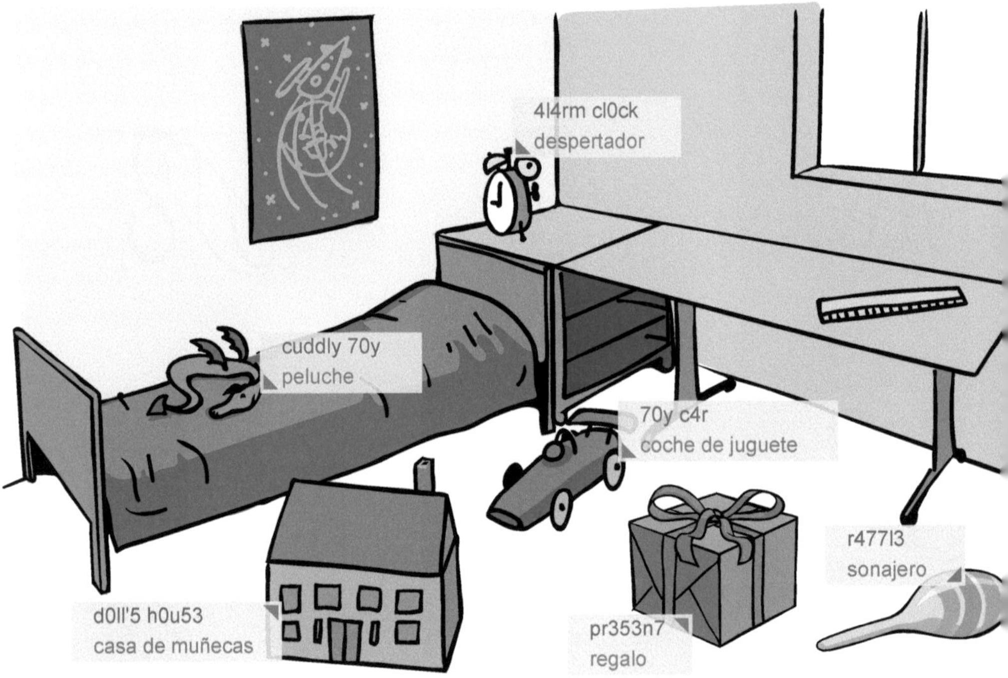

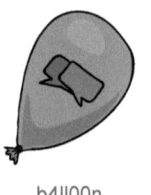

b4ll00n

globo

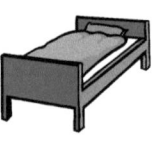

b3d

cama

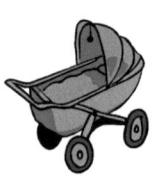

57r0ll3r

cochecito

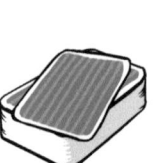

d3ck 0f c4rd5

cartas

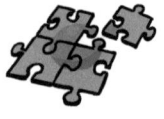

j1654w

rompecabezas

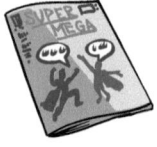

c0m1c

historieta

l360 br1ck5

piezas de lego

70y bl0ck5

ladrillos de juguete

4c710n f16ur3

figura de acción

r0mp3r 5u17

enterito (de bebé)

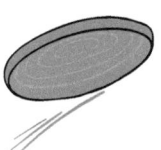

fr15b33

frisbee

m0b1l3

móvil para bebés

b04rd 64m3

juego de mesa

d1c3

dados

m0d3l 7r41n 537

tren eléctrico

dummy

chupete

p4r7y

fiesta

p1c7ur3 b00k

libro de cuentos ilustrado

b4ll

pelota

d0ll

muñeca

pl4y

jugar

54ndp17

arenero

5w1n6

hamaca

70y

juguetes

v1d30 64m3 c0n50l3

consola de videojuegos

7r1cycl3

triciclo

73ddy b34r

osito de peluche

w4rdr0b3

armario

cl07h1n6

ropa

50ck5

medias

570ck1n65

medias panty

716h75

calzas

5c4rf
bufanda

umbr3ll4
paraguas

b3l7
cinturón

7-5h1r7
remera

5l1pp3r5
pantuflas

b0075
botas

5n34k3r5
zapatillas

54nd4l5
sandalias

5h035
zapatos

rubb3r b0075
botas de goma

br13f5
ropa interior

br4
corpiño

und3r5h1r7
chaleco

b0dy

body

p4n75

pantalones

j34n5

jeans

5k1r7

pollera

bl0u53

blusa

5h1r7

camisa

pull0v3r

pulóver

5w3473r

buzo

bl4z3r

blazer

j4ck37

campera

c047

tapado

r41nc047

piloto

c057um3

traje

dr355

vestido

w3dd1n6 dr355

vestido de novia

5u17

traje

n16h760wn

camisón

p4j4m45

pijama

54r1

sari

h34d5c4rf

pañuelo para cabeza

7urb4n

turbante

burk4

burka

k4f74n

caftán

4b4y4

abaya

5w1m5u17

traje de baño

7runk5

short de baño

5h0r75

shorts

7r4ck5u17

jogging

4pr0n

delantal

6l0v35

guantes

bu770n
botón

6l45535
anteojos

br4c3l37
pulsera

n3ckl4c3
collar

r1n6
anillo

34rr1n6
aro

c4p
gorra

c047 h4n63r
percha

h47
sombrero

713
corbata

z1p
cierre

h3lm37
casco

br4c35
tiradores

5ch00l un1f0rm
uniforme escolar

un1f0rm
uniforme

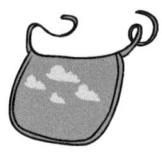

b1b
babero

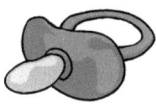

dummy
chupete

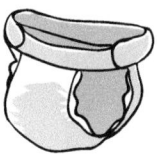

d14p3r
pañal

0ff1c3
oficina

53rv3r
servidor
f1l1n6 c4b1n37
archivero
pr1n73r
impresora
p4p3r
papel
m0n170r
monitor
m0u53
mouse
d35k
escritorio
f0ld3r
carpeta
k3yb04rd
teclado
w4573-p4p3r b45k37
tacho (de basura)
c0mpu73r
computadora
ch41r
silla

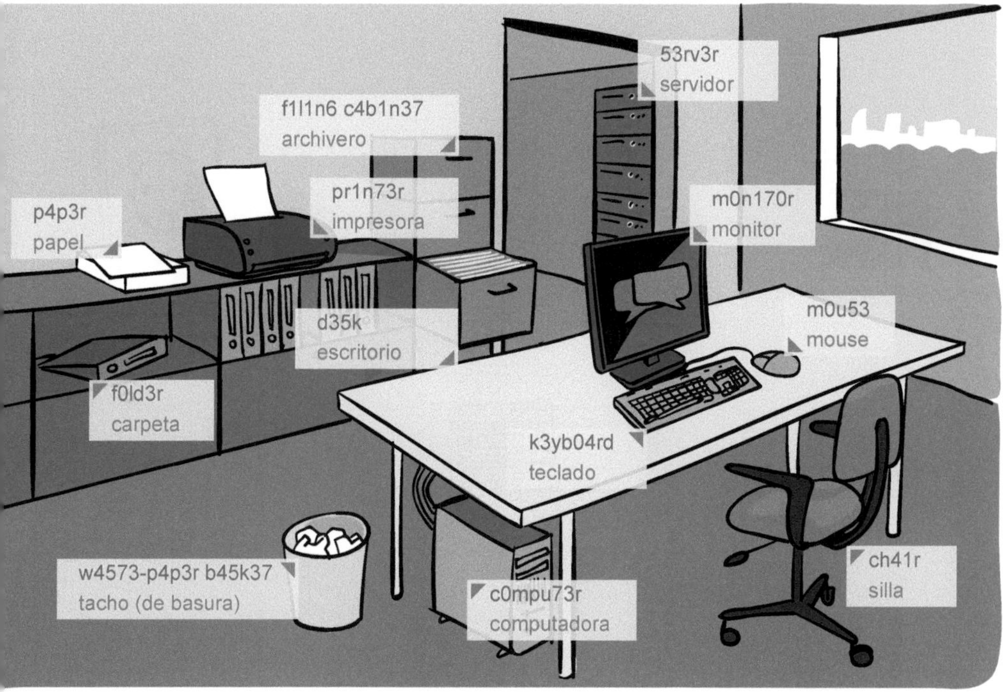

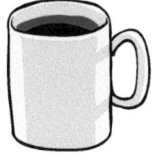

c0ff33 mu6
taza de café

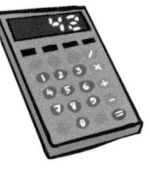

c4lcul470r
calculadora

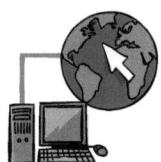

1n73rn37
internet

l4p70p

laptop

l3773r

carta

m355463

mensaje

c3ll ph0n3

celular

n37w0rk

red

ph070c0p13r

fotocopiadora

50f7w4r3

software

73l3ph0n3

teléfono

plu6 50ck37

tomacorriente

f4x m4ch1n3

fax

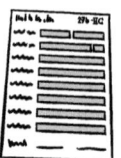

f0rm

formulario

d0cum3n7

documento

buy

comprar

p4y

pagar

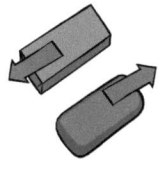

7r4d3

hacer negocios

m0n3y

dinero

d0ll4r

dólar

3ur0

euro

y3n

yen

r0ubl3

rublo

5w155 fr4nc

franco suizo

r3nm1nb1 yu4n

yuan

rup33

rupia

c45h p01n7

cajero automático

curr3ncy 3xch4n63 0ff1c3

casa de cambio

60ld

oro

51lv3r

plata

01l

petróleo

3n3r6y

energía

pr1c3

precio

c0n7r4c7

contrato

74x

impuesto

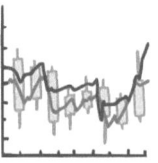

570ck

acción

w0rk

trabajar

3mpl0y33

empleado

3mpl0y3r

empleador

f4c70ry

fábrica

5h0p

negocio

0ccup4710n5

ocupaciones

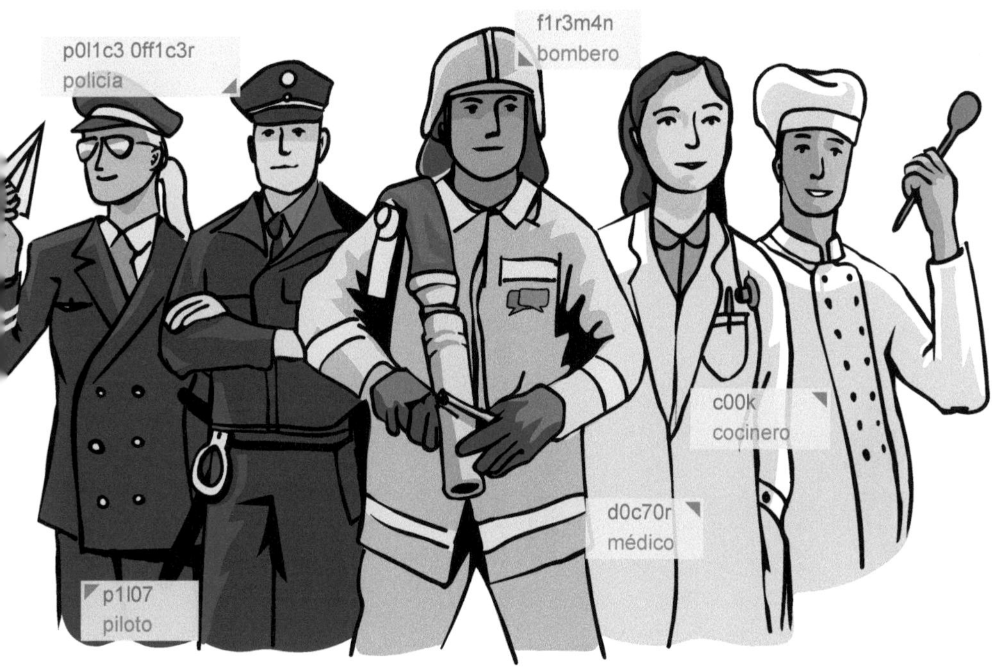
p0l1c3 0ff1c3r
policía
f1r3m4n
bombero
c00k
cocinero
d0c70r
médico
p1l07
piloto

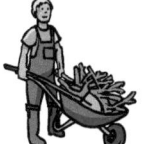

64rd3n3r

jardinero

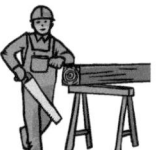

c4rp3n73r

carpintero

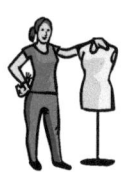

534m57r355

modista

jud63

juez

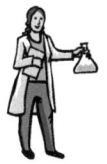

ch3m157

farmacéutico

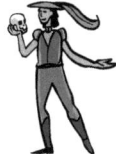

4c70r

actor

bu5 dr1v3r
....
colectivero

74x1 dr1v3r
....
taxista

f15h3rm4n
....
pescador

cl34n1n6 l4dy
....
mucama

r00f3r
....
techista

w4173r
....
mozo

hun73r
....
cazador

p41n73r
....
pintor

b4k3r
....
panadero

3l3c7r1c14n
....
electricista

bu1ld3r
....
albañil

3n61n33r
....
ingeniero

bu7ch3r
....
carnicero

plumb3r
....
plomero

p057m4n
....
cartero

50ld13r

soldado

4rch173c7

arquitecto

c45h13r

cajero

fl0r157

florista

h41rdr3553r

peluquero

c0nduc70r

cobrador

m3ch4n1c

mecánico

c4p741n

capitán

d3n7157

dentista

5c13n7157

científico

r4bb1

rabino

1m4m

imán

m0nk

monje

p4570r

sacerdote

700l5

herramientas

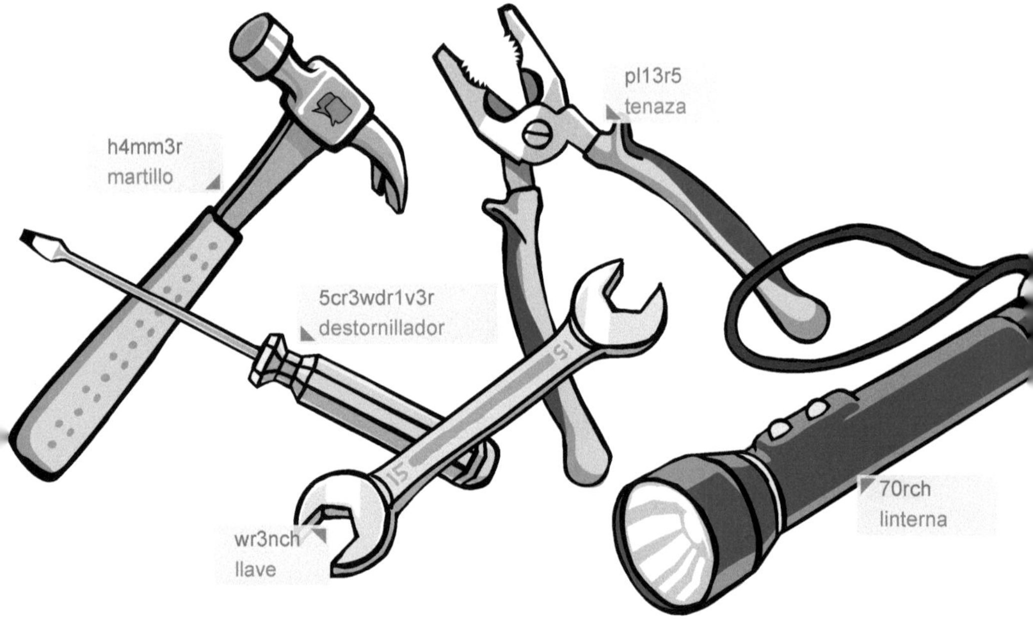
h4mm3r
martillo
pl13r5
tenaza
5cr3wdr1v3r
destornillador
wr3nch
llave
70rch
linterna

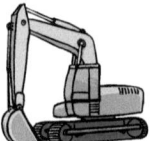

3xc4v470r

excavadora

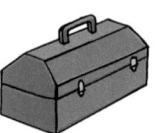

700lb0x

caja de herramientas

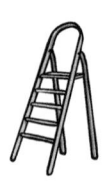

l4dd3r

escalera portátil

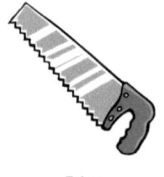

54w

sierra

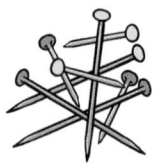

n41l5

clavos

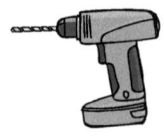

dr1ll

taladro

r3p41r

arreglar

5h0v3l

pala de jardín

d4mn!

¡Qué bronca!

du57p4n

pala de plástico

p41n7 c4n

tacho de pintura

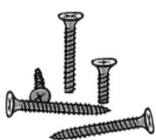

5cr3w5

tornillos

mu51c4l 1n57rum3n75

instrumentos musicales

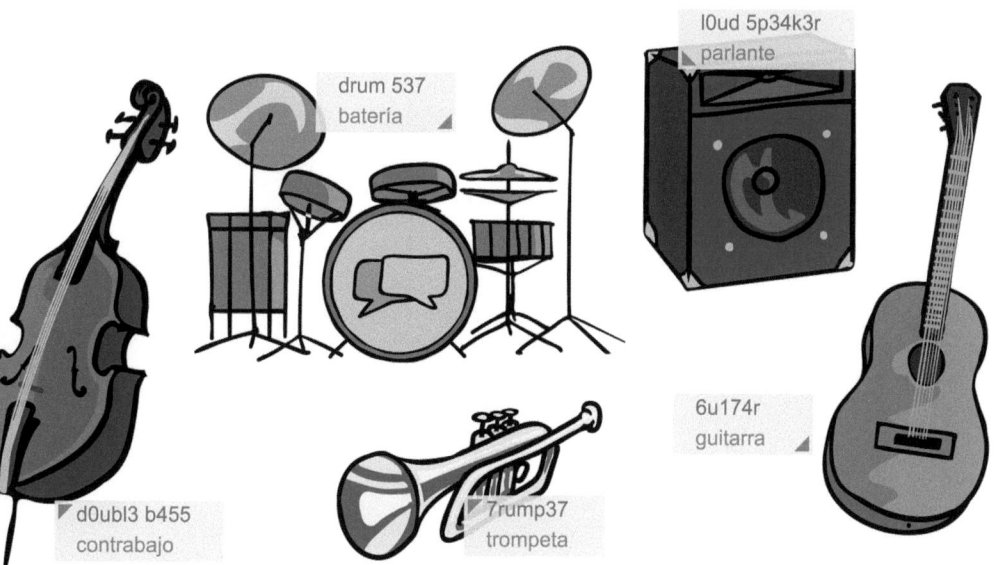

drum 537
batería

l0ud 5p34k3r
parlante

d0ubl3 b455
contrabajo

7rump37
trompeta

6u174r
guitarra

p14n0

piano

v10l1n

violín

b455

bajo

71mp4n1

timbales

drum5

tambor

k3yb04rd

teclado

54x0ph0n3

saxofón

flu73

flauta

m1cr0ph0n3

micrófono

z00

zoológico

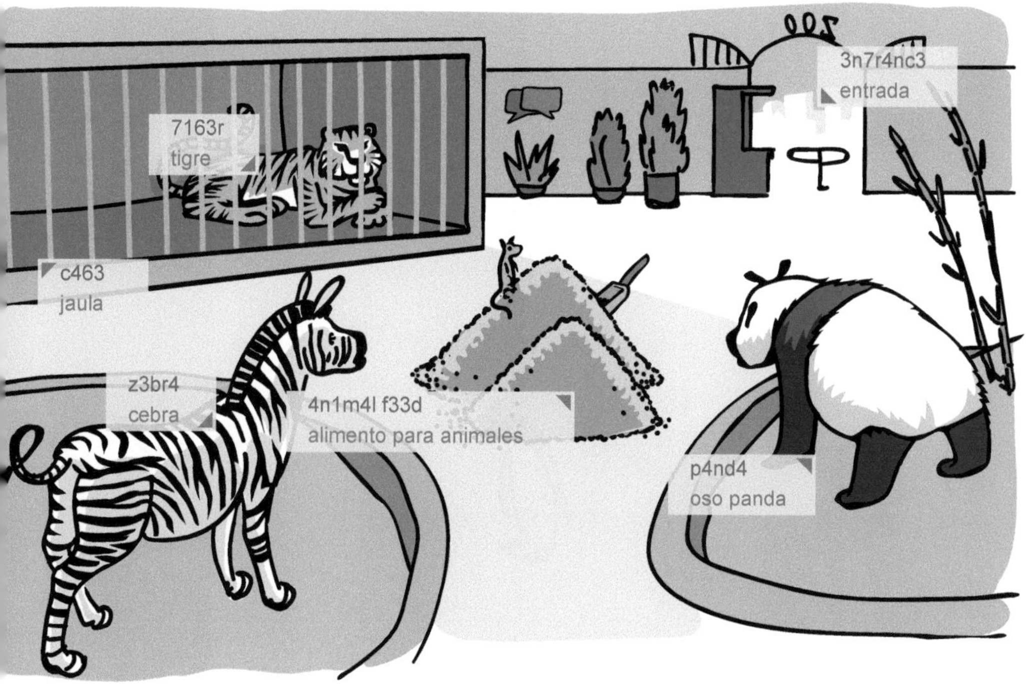

7163r
tigre
3n7r4nc3
entrada
c463
jaula
z3br4
cebra
4n1m4l f33d
alimento para animales
p4nd4
oso panda

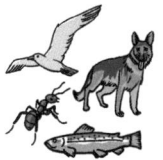

4n1m4l5

animales

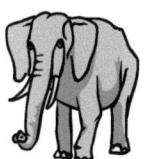

3l3ph4n7

elefante

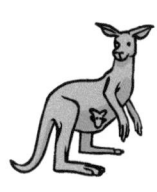

k4n64r00

canguro

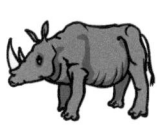

rh1n0

rinoceronte

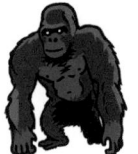

60r1ll4

gorila

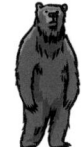

b34r

oso

c4m3l

camello

057r1ch

avestruz

l10n

león

m0nk3y

mono

fl4m1n60

flamenco

p4rr07

loro

p0l4r b34r

oso polar

p3n6u1n

pingüino

5h4rk

tiburón

p34c0ck

pavo real

5n4k3

serpiente

cr0c0d1l3

cocodrilo

z00k33p3r

cuidador del zoológico

534l

foca

j46u4r

jaguar

z00 - zoológico

pOny

poni

l30p4rd

leopardo

h1ppO

hipopótamo

61r4ff3

jirafa

346l3

águila

b04r

jabalí

f15h

pescado

7ur7l3

tortuga

w4lru5

morsa

f0x

zorro

64z3ll3

gacela

4m3r1c4n f007b4ll
fútbol americano

cycl1n6
ciclismo

73nn15
tenis

b45k37b4ll
básquet

5w1mm1n6
natación

b0x1n6
boxeo

1c3 h0ck3y
hockey sobre hielo

50cc3r
fútbol

b4dm1n70n
bádminton

47hl371c5
atletismo

h4ndb4ll
handball

5k11n6
esquí

p0l0
polo

4c71v17135

actividades

jump
saltar
hu6
abrazar
l4u6h
reír
w4lk
caminar
51n6
cantar
dr34m
soñar
pr4y
rezar
k155
besar

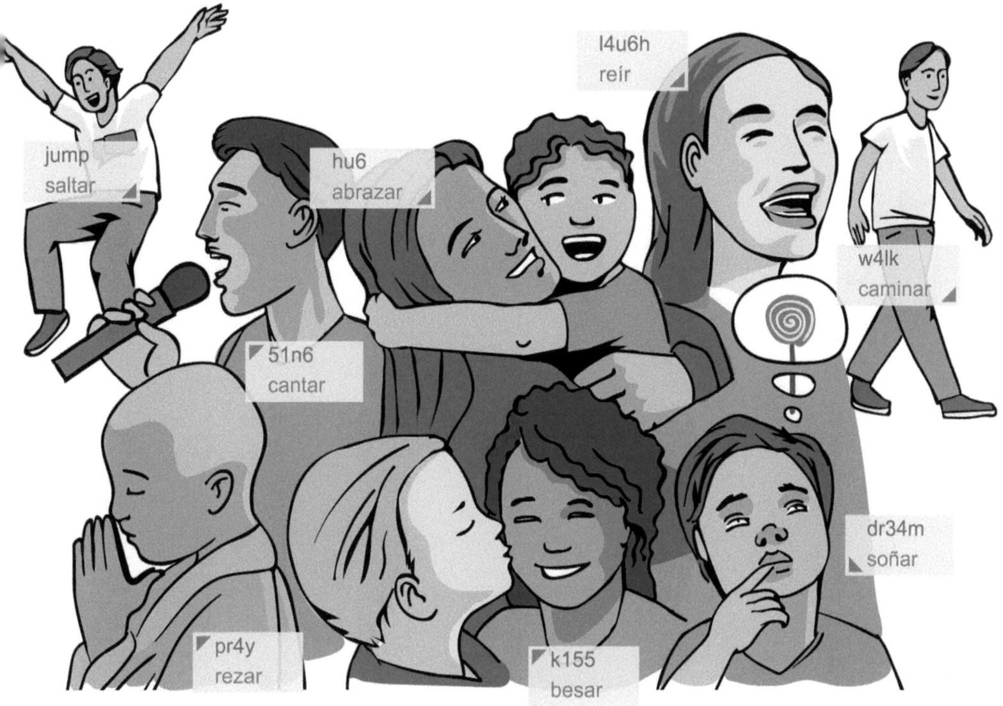

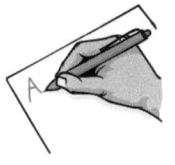

wr173

escribir

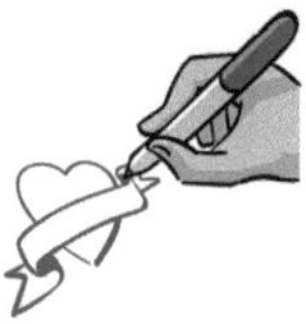

dr4w

dibujar

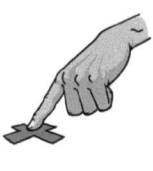

5h0w

mostrar

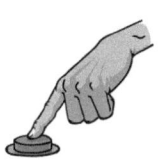

pu5h

presionar

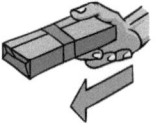

61v3

dar

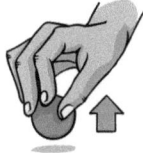

74k3

tomar

h4v3

tener

d0

hacer

b3

ser

574nd

estar parado

run

correr

pull

tirar

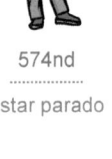

7hr0w

tirar

f4ll

caer

l13

estar acostado

w417

esperar

c4rry

llevar

517

estar sentado

637 dr3553d

vestirse

5l33p

dormir

w4k3 up

despertar

l00k 47

mirar

cry

llorar

57r0k3

acariciar

c0mb

peinar

74lk

hablar

und3r574nd

entender

45k

preguntar

l1573n

escuchar

dr1nk

beber

347

comer

71dy up

ordenar

l0v3

amar

c00k

cocinar

dr1v3

manejar

fly

volar

5411

navegar

c4lcul473

calcular

r34d

leer

l34rn

aprender

w0rk

trabajar

m4rry

casarse

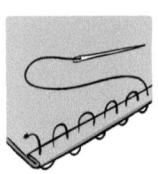

53w

coser

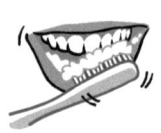

bru5h 7337h

cepillarse los dientes

k1ll

matar

5m0k3

fumar

53nd

enviar

f4m1ly

familia

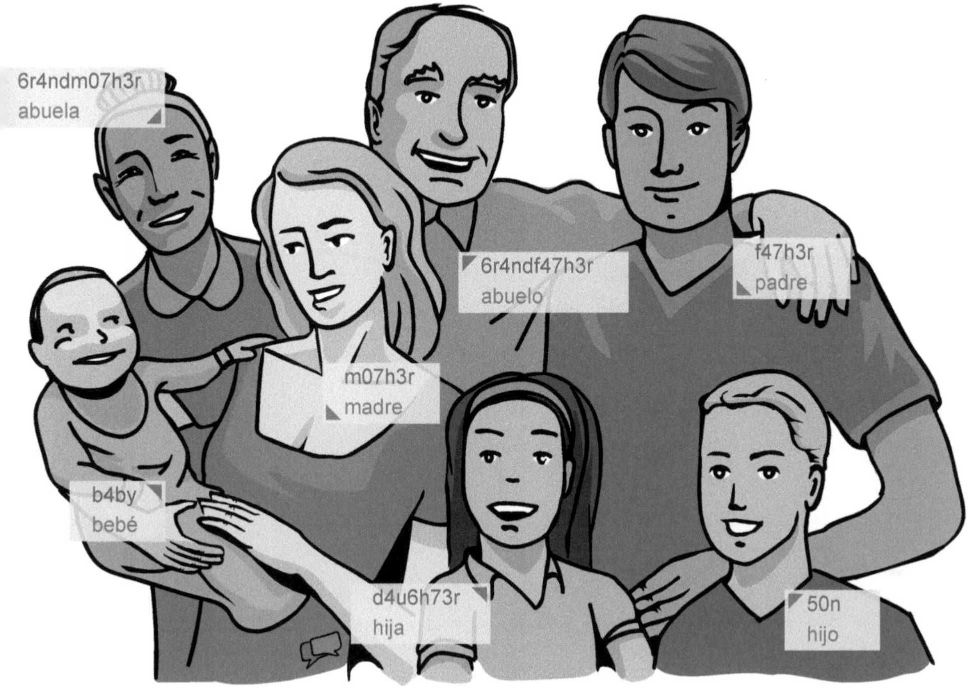

6r4ndm07h3r
abuela
6r4ndf47h3r
abuelo
f47h3r
padre
m07h3r
madre
b4by
bebé
d4u6h73r
hija
50n
hijo

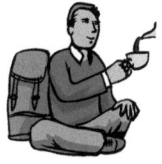

6u357

invitado

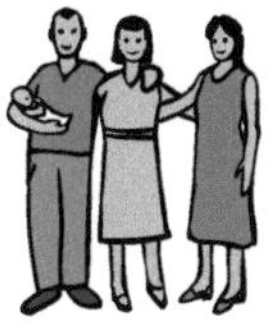

4un7

tía

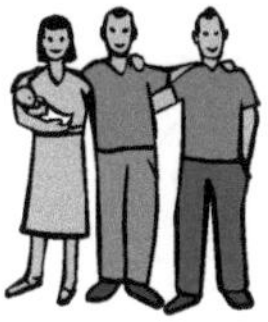

uncl3

tío

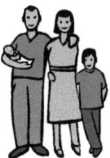

br07h3r

hermano

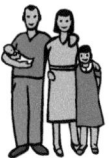

51573r

hermana

b0dy

cuerpo

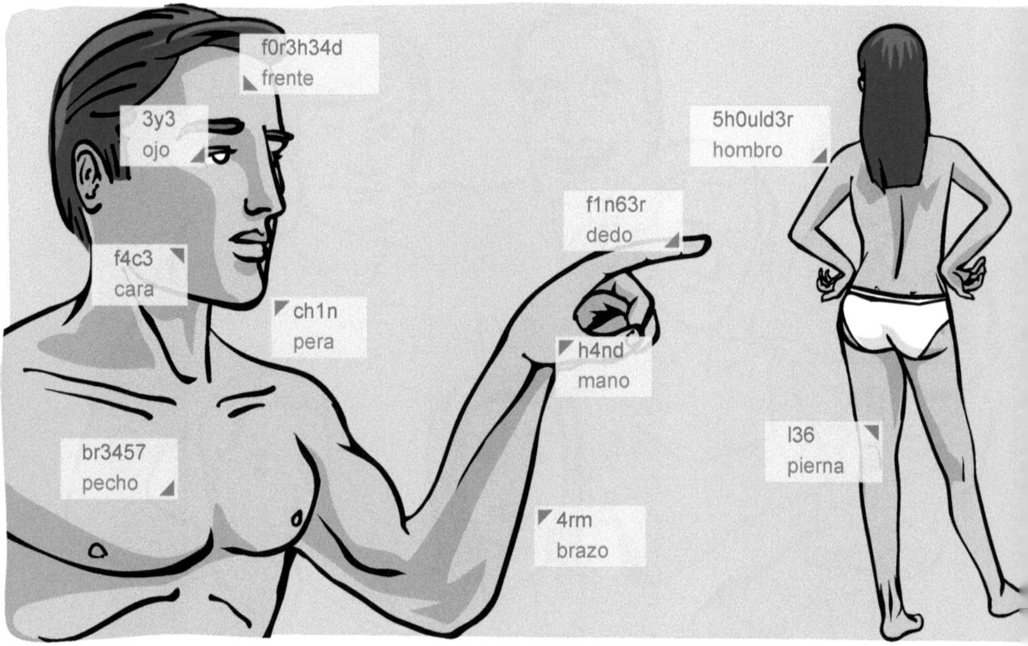

f0r3h34d
frente

3y3
ojo

5h0uld3r
hombro

f1n63r
dedo

f4c3
cara

ch1n
pera

h4nd
mano

br3457
pecho

l36
pierna

4rm
brazo

b4by

bebé

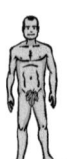

m4n

hombre

w0m4n

mujer

61rl

nena

b0y

nene

h34d

cabeza

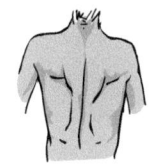

b4ck

espalda

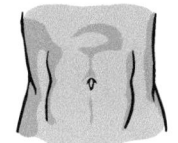

b3lly

panza

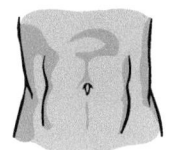

n4v3l

ombligo

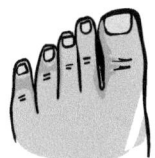

703

dedo del pie

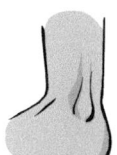

h33l

talón

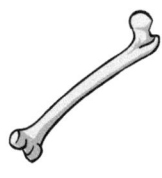

b0n3

hueso

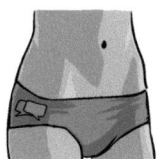

h1p

cadera

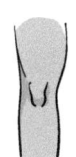

kn33

rodilla

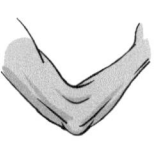

3lb0w

codo

n053

nariz

bu770ck5

cola

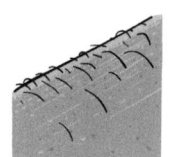

5k1n

piel

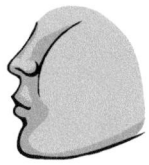

ch33k

cachete

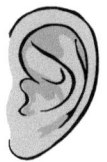

34r

oreja

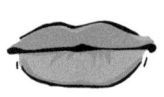

l1p

labio

m0u7h

boca

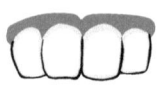

7007h

diente

70n6u3

lengua

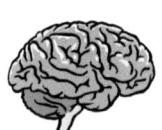

br41n

cerebro

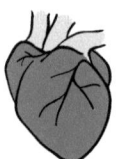

h34r7

corazón

mu5cl3

músculo

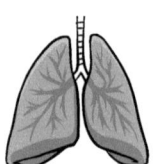

lun6

pulmón

l1v3r

hígado

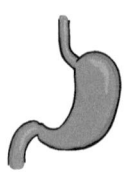

570m4ch

estómago

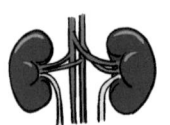

k1dn3y5

riñones

53x

sexo

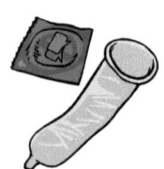

c0nd0m

preservativo

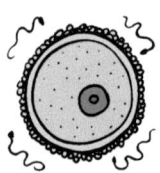

0vum

óvulo

53m3n

semen

pr36n4ncy

embarazo

b0dy - cuerpo

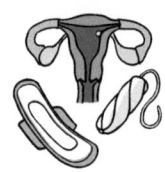

m3n57ru4710n

menstruación

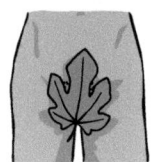

v461n4

vagina

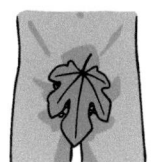

p3n15

pene

3y3br0w

ceja

h41r

pelo

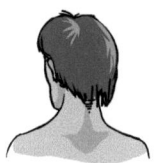

n3ck

cuello

b0dy - cuerpo

h05p174l
hospital

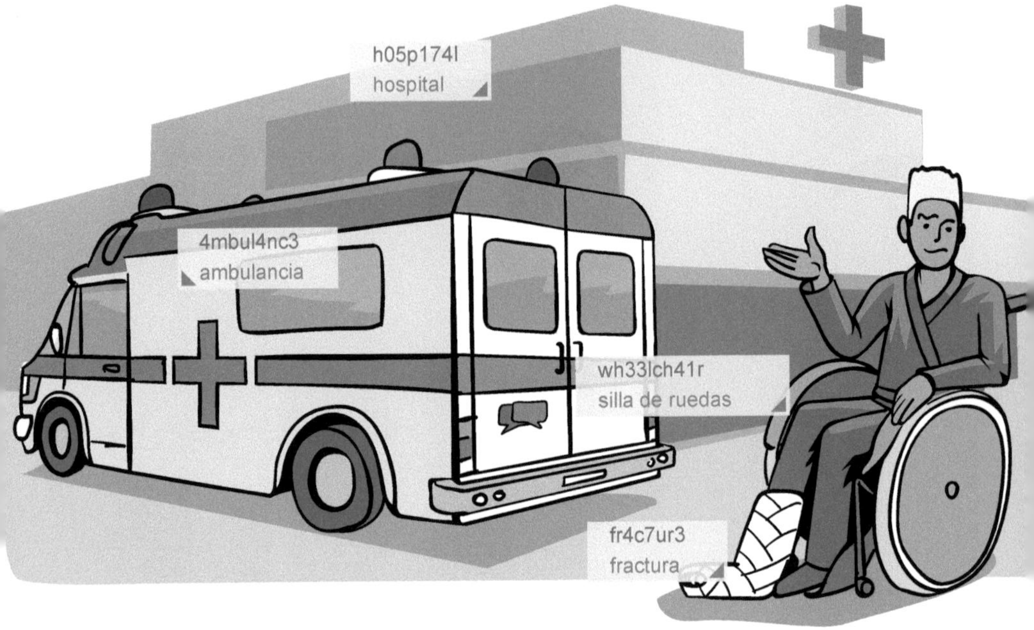

h05p174l
hospital
4mbul4nc3
ambulancia
wh33lch41r
silla de ruedas
fr4c7ur3
fractura

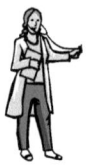

d0c70r

médico

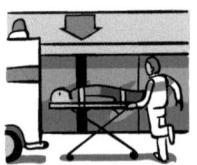

3m3r63ncy r00m

sala de guardia

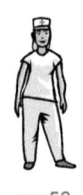

nur53

enfermera

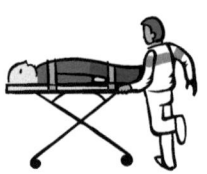

3m3r63ncy

emergencia

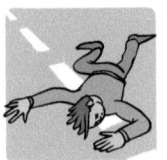

unc0n5c10u5

inconsciente

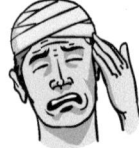

p41n

dolor

1njury

lesión

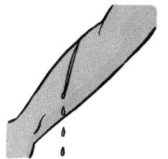

bl33d1n6

hemorragia

h34r7 4774ck

infarto

57r0k3

ACV

4ll3r6y

alergia

c0u6h

tos

f3v3r

fiebre

flu

gripe

d14rrh34

diarrea

h34d4ch3

dolor de cabeza

c4nc3r

cáncer

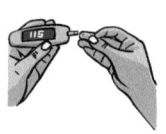

d14b3735

diabetes

5ur630n

cirujano

5c4lp3l

bisturí

0p3r4710n

operación

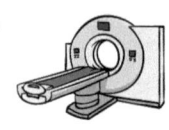

c7

TC

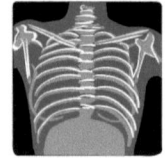

x-r4y

rayos x

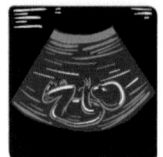

ul7r450und

ecografía

f4c3 m45k

barbijo

d153453

enfermedad

w4171n6 r00m

sala de espera

cru7ch

muleta

pl4573r

curita

b4nd463

venda

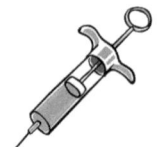

1nj3c710n

inyección

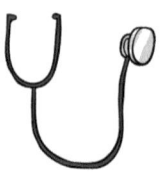

5737h05c0p3

estetoscopio

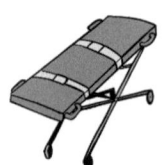

57r37ch3r

camilla

cl1n1c4l 7h3rm0m373r

termómetro

b1r7h

nacimiento

0v3rw316h7

sobrepeso

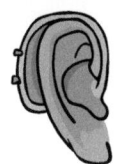

h34r1n6 41d

audífono

d151nf3c74n7

desinfectante

1nf3c710n

infección

v1ru5

virus

h1v / 41d5

VIH / SIDA

m3d1c1n3

remedio

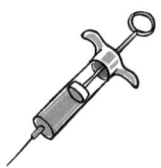

v4cc1n4710n

vacunación

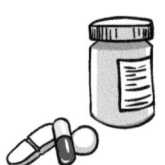

74bl375

comprimidos

p1ll

pastilla anticonceptiva

3m3r63ncy c4ll

llamada de emergencia

bl00d pr355ur3 m0n170r

tensiómetro

1ll / h34l7hy

enfermo / sano

h3lp!	4l4rm	4554ul7
¡Ayuda!	alarma	agresión

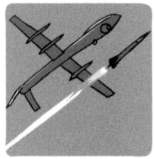

4774ck	d4n63r	3m3r63ncy 3x17
ataque	peligro	salida de emergencia

f1r3!	f1r3 3x71n6u15h3r	4cc1d3n7
¡Fuego!	matafuego	accidente

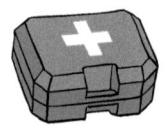

f1r57-41d k17	505	p0l1c3
botiquín de primeros auxilios	SOS	policía

3ur0p3

Europa

n0r7h 4m3r1c4

América del Norte

50u7h 4m3r1c4

América del Sur

4fr1c4

África

4514

Asia

4u57r4l14

Australia

47l4n71c

Atlántico

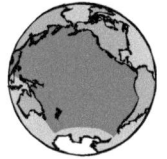

p4c1f1c

Pacífico

1nd14n 0c34n

Océano Índico

4n74rc71c 0c34n

Océano Antártico

4rc71c 0c34n

Océano Ártico

n0r7h p0l3

polo norte

50u7h p0l3
polo sur

4n74rc71c4
Antártida

34r7h
Tierra

l4nd
tierra

534
mar

15l4nd
isla

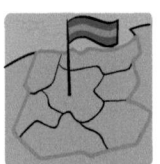

n4710n
nación

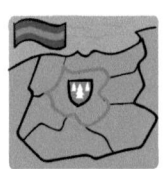

57473
estado

cl0ck f4c3

esfera

h0ur h4nd

manecilla de las horas

m1nu73 h4nd

minutero

53c0nd h4nd

segundero

wh47 71m3 15 17?

¿Qué hora es?

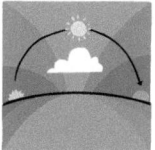

d4y

día

71m3

hora

n0w

ahora

d16174l w47ch

reloj digital

m1nu73

minuto

h0ur

hora

semana

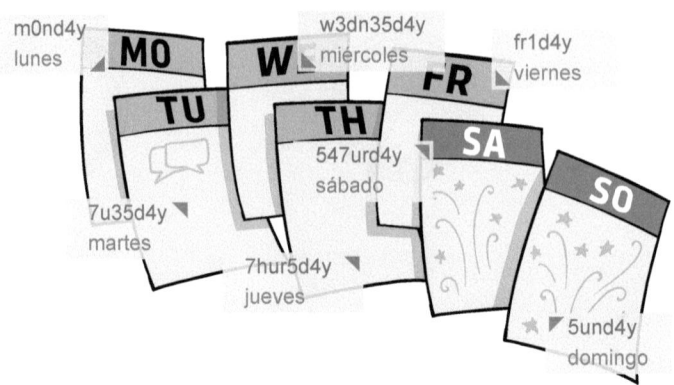

m0nd4y
lunes

w3dn35d4y
miércoles

fr1d4y
viernes

7u35d4y
martes

547urd4y
sábado

7hur5d4y
jueves

5und4y
domingo

y3573rd4y

ayer

70d4y

hoy

70m0rr0w

mañana

m0rn1n6

mañana

n00n

mediodía

3v3n1n6

tarde

MO	TU	WE	TH	FR	SA	SU
1	2	3	4	5	6	7
8	9	10	11	12	13	14
15	16	17	18	19	20	21
22	23	24	25	26	27	28
29	30	31	1	2	3	4

w0rkd4y5

días hábiles

MO	TU	WE	TH	FR	SA	SU
1	2	3	4	5	6	7
8	9	10	11	12	13	14
15	16	17	18	19	20	21
22	23	24	25	26	27	28
29	30	31	1	2	3	4

w33k3nd

fin de semana

y34r
año

r41n
lluvia
r41nb0w
arco iris
5n0w
nieve
w1nd
viento
5pr1n6
primavera
f4ll
otoño
5umm3r
verano
w1n73r
invierno

4.APRIL 11°
5.APRIL 4°
6.APRIL 13°
7.APRIL 8°
8.APRIL 10°

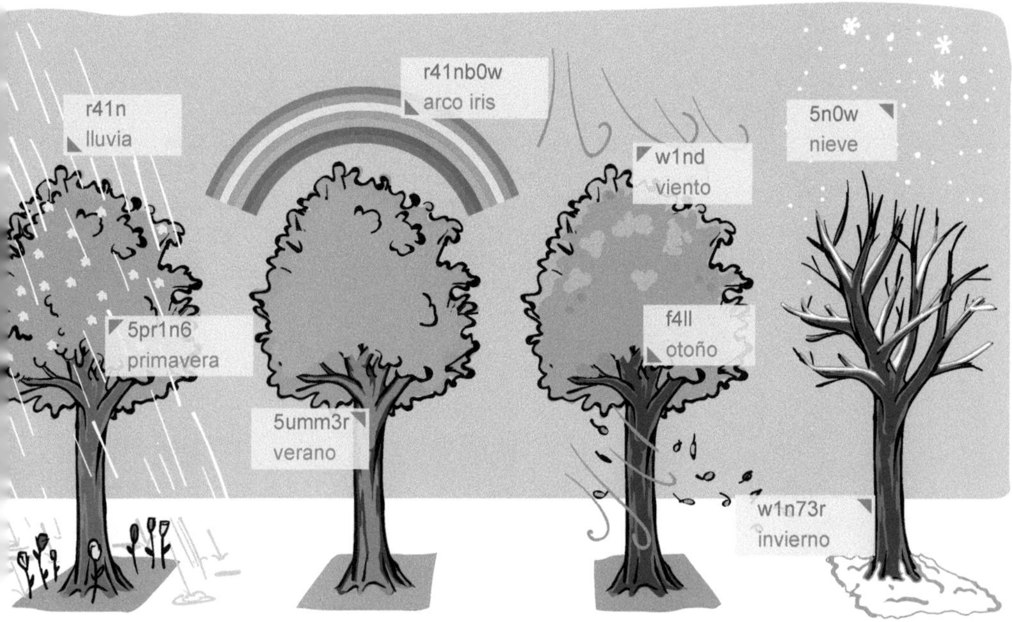

w347h3r f0r3c457

onóstico meteorológico

F
C
120
90
60
30
0
-30
40
30
20
10
0
-10
-20

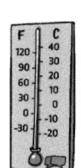

7h3rm0m373r

termómetro

5un5h1n3

luz del sol

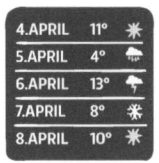

cl0ud

nube

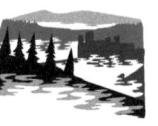

f06

niebla

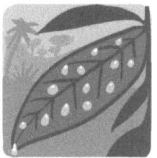

hum1d17y

humedad

l16h7n1n6

rayo

7hund3r

trueno

570rm

tormenta

h41l

granizo

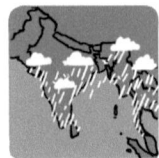

m0n500n

monzón

fl00d

inundación

1c3

hielo

j4nu4ry

enero

f3bru4ry

febrero

m4rch

marzo

4pr1l

abril

m4y

mayo

jun3

junio

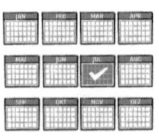

july

julio

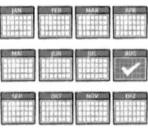

4u6u57

agosto

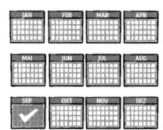

53p73mb3r

septiembre

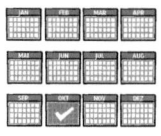

0c70b3r

octubre

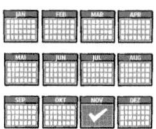

n0v3mb3r

noviembre

d3c3mb3r

diciembre

5h4p35

formas

c1rcl3

círculo

5qu4r3

cuadrado

r3c74n6l3

rectángulo

7r14n6l3

triángulo

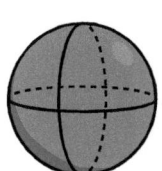

5ph3r3

esfera

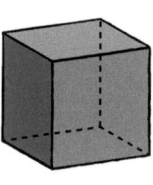

cub3

cubo

wh173

blanco

y3ll0w

amarillo

0r4n63

naranja

p1nk

rosa

r3d

rojo

purpl3

violeta

blu3

azul

6r33n

verde

br0wn

marrón

6r4y

gris

bl4ck

negro

4 l07 / 4 l177l3

mucho / poco

4n6ry / c4lm

enojado / tranquilo

b34u71ful / u6ly

lindo / feo

b361nn1n6 / 3nd

principio / fin

b16 / 5m4ll

grande / chico

br16h7 / d4rk

claro / oscuro

br07h3r / 51573r

hermano / hermana

cl34n / d1r7y

limpio / sucio

c0mpl373 / 1nc0mpl373

completo / incompleto

d4y / n16h7

día / noche

d34d / 4l1v3

muerto / vivo

w1d3 / n4rr0w

ancho / angosto

3d1bl3 / 1n3d1bl3

comestible / no comestible

3v1l / k1nd

malo / amable

3xc173d / b0r3d

entusiasmado / aburrido

f47 / 7h1n

gordo / flaco

f1r57 / l457

primero / último

fr13nd / 3n3my

amigo / enemigo

full / 3mp7y

lleno / vacío

h4rd / 50f7

duro / blando

h34vy / l16h7

pesado / liviano

hun63r / 7h1r57

hambre / sed

1ll / h34l7hy

enfermo / sano

1ll364l / l364l

ilegal / legal

1n73ll163n7 / 57up1d

inteligente / estúpido

l3f7 / r16h7

izquierda / derecha

n34r / f4r

cerca / lejos

n3w / u53d

nuevo / usado

n07h1n6 / 50m37h1n6

nada / algo

Old / yOun6

viejo / joven

On / Off

encendido / apagado

Op3n / cl053d

abierto / cerrado

qu137 / lOud

silencioso / ruidoso

r1ch / pOOr

rico / pobre

r16h7 / wrOn6

correcto / incorrecto

rOu6h / 5mOO7h

áspero / suave

54d / h4ppy

triste / contento

5hOr7 / lOn6

corto / largo

5lOw / f457

lento / rápido

w37 / dry

mojado / seco

w4rm / cOOl

caliente / frío

w4r / p34c3

guerra / paz

0

z3r0

cero

1

0n3

uno

2

7w0

dos

3

7hr33

tres

4

f0ur

cuatro

5

f1v3

cinco

6

51x

seis

7

53v3n

siete

8

316h7

ocho

9

n1n3

nueve

10

73n

diez

11

3l3v3n

once

12
7w3lv3

doce

13
7h1r733n

trece

14
f0ur733n

catorce

15
f1f733n

quince

16
51x733n

dieciséis

17
53v3n733n

diecisiete

18
316h733n

dieciocho

19
n1n3733n

diecinueve

20
7w3n7y

veinte

100
hundr3d

cien

1.000
7h0u54nd

mil

1.000.000
m1ll10n

millón

idiomas

3n6l15h
....
inglés

4m3r1c4n 3n6l15h
....
inglés americano

ch1n353 m4nd4r1n
....
chino mandarín

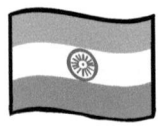

h1nd1
....
hindi

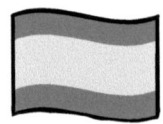

5p4n15h
....
español

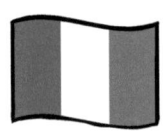

fr3nch
....
francés

4r4b1c
....
árabe

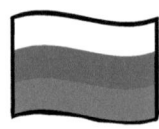

ru5514n
....
ruso

p0r7u6u353
....
portugués

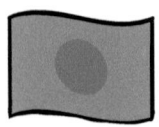

b3n64l1
....
bengalí

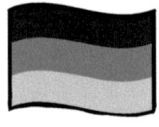

63rm4n
....
alemán

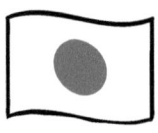

j4p4n353
....
japonés

1

yo

y0u

vos

h3 / 5h3 / 17

él / ella

w3

nosotros

y0u

ustedes

7h3y

ellos

wh0?

¿quién?

wh47?

¿qué?

h0w?

¿cómo?

wh3r3?

¿dónde?

wh3n?

¿cuándo?

n4m3

nombre

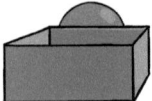

b3h1nd

detrás

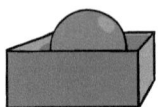

1n

en

1n fr0n7 0f

adelante de

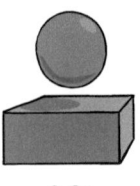

0v3r

por encima de

0n

sobre

und3r

debajo de

b351d3

al lado de

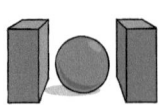

b37w33n

entre

pl4c3

lugar